Coisas que todo profissional que quer trabalhar com marketing político digital deveria saber

© 2018 - Marcelo Vitorino
Direitos em língua portuguesa para o Brasil:
Matrix Editora
www.matrixeditora.com.br

**Revisão**
Maíra Moraes
Natália Mendonça

**Foto da capa**
Fernando Willadino

---

**CIP-BRASIL - CATALOGAÇÃO NA PUBLICAÇÃO**
**SINDICATO NACIONAL DOS EDITORES DE LIVROS, RJ**

---

Vitorino, Marcelo

Coisas que todo profissional que quer trabalhar com marketing político digital deveria saber / Marcelo Vitorino. - 1. ed. - São Paulo: Matrix, 2018.
88 p. ; 21 cm.

ISBN 978-85-8230-494-5

1. Marketing político - Brasil. 2. Direito eleitoral - Brasil. I. Título.

18-51093                                                      CDD: 324.70981
                                                              CDU: 324(81)

Vanessa Mafra Xavier Salgado - Bibliotecária CRB-7/6644

# SUMÁRIO

Apresentação ............................................................................. 5
Sobre o autor ............................................................................. 7
Contexto ................................................................................... 11
As mudanças que nos trouxeram até o cenário atual ............... 13
Imersão no ambiente político ................................................... 19
    O que é e como funciona uma eleição ................................. 20
    As regras principais do jogo ................................................. 22
    Para saber mais ..................................................................... 23
        Referências - Cinema ...................................................... 23
        Referências - Séries ........................................................ 26
        Referências – Livros ........................................................ 27
        Referências – Jornalismo ................................................ 28
        Referências – Influenciadores ........................................ 28
    Artigo: O deus dos candidatos morreu ................................. 29
    Artigo: Por que você vai perder a próxima eleição .............. 34
Imersão em marketing e comunicação digital com foco no uso para política ............................................................................. 41
    O que os eleitores buscam nos canais digitais de candidatos ... 42
    O comportamento dos usuários nas redes sociais .............. 43
    Os principais valores de uma boa comunicação digital competente ... 44
    A preparação para a equipe ................................................. 45
    Artigo: Os pilares da comunicação política e a internet ..... 47
Imersão em tecnologia ............................................................. 53
    Finalidade ............................................................................. 54
    Indexação ............................................................................. 55
    Big data e inbound marketing .............................................. 56

Automatização e robôs ............................................................................................. 57
Broadcast e on demand ........................................................................................... 58
Artigo: O que esperar de aplicativos de mobilização de militantes ............. 60
Artigo: Usando o Facebook para pesquisas de afinidade de públicos ............. 63
**Os principais aspectos da legislação eleitoral em relação ao digital** ................**71**
    Financiamento ....................................................................................................... 72
    Impulsionamento e links patrocinados ............................................................ 73
    Guerrilha e fake news ........................................................................................... 74
    Pré-campanha e período eleitoral ...................................................................... 75
    Mensagens eletrônicas e cadastros .................................................................. 76
**Considerações finais**.................................................................................................**77**
**Glossário** ......................................................................................................................**81**
**Lista de Ferramentas**................................................................................................**85**
    Ferramentas de ativação e relacionamento ................................................... 86
    Ferramentas de conteúdo ................................................................................... 87
    Gestão de projeto / tarefas ................................................................................. 87
    Ferramentas de tecnologia ................................................................................. 88

# Apresentação

Esta publicação é a sistematização de temas fundamentais que eu chamo de "coisas que todo profissional que quer trabalhar com marketing político digital deveria saber".

Elaborei este conteúdo como uma das formas de orientação para as equipes de trabalho que coordeno e também para quem deseja trabalhar no campo do marketing político digital. Começo esta narrativa contextualizando esse novo mercado e os desafios postos não apenas aos candidatos, mas também a sua equipe.

Em seguida, descrevo os três conhecimentos que considero fundamentais para quem quer trabalhar com marketing político digital: *política, comunicação e tecnologia*. Assim como, Coisas que todo profissional que quer trabalhar *com marketing político digital deveria saber.*

Para ampliar o acesso ao conteúdo e compreensão do tema, apresento, ao fim, um glossário com os termos mais frequentes da área e que, muitas vezes, são os menos explicados aos clientes.

Aos profissionais já atuantes, contribuo com minha lista de ferramentas e plataformas relacionadas com nossas práticas, como SEO, inbound marketing, doação, entre outras.

Não tenho aqui a pretensão de desenhar um guia, um passo a passo ou um mapa com os itinerários definitivos para o desenvolvimento profissional. Assemelha-se mais ao que filósofos chamam de cartografia: são possibilidades de caminho que se abrem e formam-se de acordo com a busca profissional e pessoal de cada um.

**Marcelo Vitorino**

# Sobre o autor

## Compartilhar conhecimento

Encaro a tarefa de compartilhar conhecimento como uma espécie de missão de vida, o que me coloca constantemente em salas de aula, como na ESPM, instituição em que leciono marketing digital para turmas especiais; em palcos, como os da Campus Party e outros eventos; e também dentro de estúdios, onde gravo as aulas para os meus cursos online pela Presença Online e os vídeos para o meu canal de Youtube.

Com o objetivo de preparar melhor os profissionais de comunicação e marketing político que atuarão em campanhas eleitorais em 2018, estruturei um conjunto de cursos para qualificação chamado "Programa Masterclass Eleições", em que o aluno tem acesso a todo conteúdo necessário para utilizar com resultados as ferramentas digitais e as novas regras eleitorais.

## Resolver problemas

Enquanto consultor, sempre fui movido por desafios. Quanto maior e mais complexo, mais interessante é o projeto.

Com essa determinação, atuo como consultor para campanhas políticas por todo o Brasil e tive participação ativa na formulação de estratégias que envolvem o marketing digital e na coordenação de equipes em campanhas como as de Gilberto Kassab (prefeitura de São Paulo) e Marcelo Crivella (prefeitura do Rio de Janeiro); governos de Santa Catarina, Rondônia e Ceará, com Raimundo Colombo, Confúcio Moura e Camilo Santana, respectivamente; presidência com José Serra, além de muitas outras campanhas.

## Provocar mudanças

Em minha atuação como ativista político, defendi pontos como a implementação do sistema de voto distrital e do voto impresso durante reforma política de 2015, em plenário da Comissão Especial de Reforma Política. Em 2017, defendi, por meio de relacionamento com parlamentares de diversos partidos, formas mais simples e transparentes para arrecadação de recursos por meio de doações de pessoas físicas, bem como, pela venda de produtos para financiamento de campanhas políticas.

Durante seminários sobre fake news, realizado pelo Conselho de Comunicação Social do Congresso Nacional e também em sessão especial na Câmara dos Deputados, propus a discussão sobre definição das fake news, o aspecto da territorialidade e da competência para julgamento de crimes cometidos em ambientes virtuais, assim como, a atualização dos códigos Civil e Penal, com a tipificação e também a inclusão de agravantes nestes casos.

# Contexto

Temos eleições a cada dois anos no Brasil, uma voltada a candidaturas da esfera municipal, disputando candidatos a prefeito e a vereador; outra, mais ampla, envolvendo candidatos a deputado estadual, deputado federal, governador, senador e presidente. Na primeira, dado o grande número de municípios brasileiros, temos mais de 400 mil candidatos, na segunda, cerca de 40 mil.

Esses números mostram o tamanho do mercado da comunicação política com finalidade eleitoral. Apenas para as candidaturas consideradas majoritárias, como governador e senador, para cada estado brasileiro há cerca de cinco candidatos por pleito, o que dá, em uma conta aproximada, cerca de 270 candidaturas.

Mesmo com esses números, não há no Brasil um volume de profissionais de comunicação digital qualificados, com experiência e com o entendimento necessário para atender todas essas campanhas. A falta desses profissionais acaba empurrando o uso da internet para o abismo da ineficiência das ferramentas digitais.

Aos olhos de um leigo ou de alguém ainda pouco ambientado, qualquer pessoa que saiba usar redes sociais, tendo uma conta no Facebook ou no Instagram, já sabe o que é necessário para fazer campanha na internet, afinal, basta publicar frases motivacionais, com fotos da agenda de rua, fabricar comentários em notícias e mandar tudo isso por WhatsApp.

Esse entendimento, primário e bastante conservador, provavelmente separará vencedores e derrotados a partir de agora e explico o porquê.

# As mudanças que nos trouxeram até o cenário atual

Os elementos que sustentaram as campanhas eleitorais até o momento passaram por transformações enormes. A primeira delas é o novo modelo de financiamento eleitoral que encerrou a possibilidade de empresas contribuírem para as campanhas, reduzindo substancialmente os recursos de todas as iniciativas eleitorais.

Há alguns anos, uma campanha de deputado federal chegava facilmente a custar R$ 8 milhões, o que hoje é limitado em R$ 2,5 milhões pelo teto regulamentado na última reforma eleitoral e, mesmo assim, os candidatos não estão conseguindo formas de financiar suas campanhas.

Uma campanha presidencial que passava de R$ 200 milhões, hoje não pode passar de R$ 70 milhões, no primeiro turno. Mesmo polpudo, o fundo eleitoral não chega nem perto do necessário para financiar o processo eleitoral brasileiro, dada a nossa extensão territorial e quantidade de eleitores. Para ser suficiente, deveria ser triplicado ou quadruplicado, coisa que a população não admitiria. O mais provável, aliás, é que o fundo seja cada vez menor, até acabar.

Sem os recursos financeiros, não há mais como pagar por tantos cabos eleitorais e militantes que se acostumaram a serem remunerados para apoiar seus candidatos. Há anos, para muitos, a militância se transformou em um negócio lucrativo.

Além do dinheiro, outro elemento transformado foi o tempo de televisão, que teve os dias de exibição encurtados e a duração diária no bloco eleitoral limitado a cerca de 10 minutos, além de se tornarem exclusivos para candidaturas majoritárias. Os candidatos pelo sistema proporcional deverão utilizar apenas inserções curtas ao longo da programação.

Por outro lado, foi criado o elemento da pré-campanha, que possibilita àqueles que desejam se candidatar a utilizar canais de comunicação próprios para falar sobre suas pretensões, mesmo antes de serem referendados pelas convenções partidárias, que ocorrem no final de julho.

Também foi incluída em 2018, a possibilidade de financiamento eleitoral a partir de 15 de maio. Data que eleitores podem, pela internet, com facilidade, efetuar doações para apoiar seus candidatos, utilizando ferramentas de financiamento coletivo homologadas pelo TSE. Para quem sabe aproveitar o momento, torna-se uma grande vitrine para exibir propostas.

Ao período eleitoral, após 15 de agosto, ficou reservada a principal e mais importante mudança: a possibilidade de impulsionamento de publicações para candidaturas. Essa modificação permite que todo candidato consiga entregar conteúdo para seus públicos alvos com muito mais facilidade e eficácia do que antes, bastando que, para isso, produza o conteúdo, escolha o público e pague aos canais.

Mas essa novidade só trará sucesso para aqueles que a usarem de forma adequada, aplicando a dinâmica do comportamento do usuário de internet para as campanhas eleitorais, inclusive considerando o grande uso de aparelhos móveis no país e evitando submeter ao digital o modelo de comunicação da rua e da televisão.

Aliás, esse é um dos principais desafios no desenvolvimento de estratégias digitais para motivar eleitores: **a falta de clareza no entendimento de como os meios de comunicação precisam interagir e se complementar.**

Muitos ainda se perdem em discussões inférteis que contrapõem a televisão e a internet, querendo dar o protagonismo a um dos meios. Uma disputa tola e ingênua que não leva em consideração o principal: **o comportamento do eleitor diante dos diferentes meios.**

Com muita frequência, boa parte da população assiste à televisão enquanto tem à sua frente outra tela bem menor, o celular. No fim, temos que adaptar as estratégias para a tela, não para o meio. A mesma internet que é utilizada para redes sociais, também é utilizada para ver programas de televisão, ler matérias que foram publicadas em jornais e ouvir, em plataformas streaming, músicas que estão sendo veiculadas nas rádios.

É preciso reler e atualizar as teorias os meios quentes e frios de McLuhan[1]. Levar em consideração o comportamento desses eleitores diante das telinhas. Eles não têm mais a mesma profundidade focal de outrora, quando ficavam atentos apenas ao aparelho televisor. Querem outra coisa. O que chamo de "geração Netflix", quer assistir somente aquilo que lhe interessa.

---

[1] Precursor dos estudos sobre mídia e na interferência dessa nas sensações humanas. Para ele, os aparatos tecnológicos são extensões da capacidade humana, tanto na comunicação como em outras áreas.

Passou do ponto?
Fecha a janela.

Os primeiros 10 segundos do vídeo não agradaram?
Os dedos deslizam para o próximo conteúdo.

O texto nas redes sociais veio em tom jornalístico? Nem perdem tempo e vão ler a história emocionante sobre alguém que acolheu a um morador de rua.

Para complicar a vida de quem enfrentará o desafio de usar a internet em campanhas, há também a multiplicidade dos públicos. Esqueça aquela segmentação feita pelo IBGE, em que pessoas são alocadas em caixinhas como "homem/25-35 anos/residente no interior/possui uma geladeira".

Os segmentos possibilitados pelas redes sociais são diferentes, muito mais amplos e, ao mesmo tempo recortados, baseados em não somente em gênero, idade, região, mas incluindo comportamentos. Por exemplo, "(1) pessoas que se casaram recentemente, (2) que curtiram páginas relacionadas a defesa dos direitos humanos e (3) que não curtiram páginas de candidatos alinhados à ideologia partidária conservadora, (4) que gostem de viajar com frequência, e (5) que assistiram filmes de suspense na última semana".

Considerando todos os elementos acima, apenas saber usar as redes sociais pouco significa para resultados práticos (que em eleição é sinônimo de votos na urna). É preciso muito mais. É preciso entender de comunicação, tecnologia e política.

# Imersão no ambiente político

Fazendo uma analogia ao futebol, a primeira coisa a fazer é entender como esse jogo funciona, suas regras, os times e jogadores, quais os campeonatos estão sendo disputados e a história e os bastidores.

Você só conseguirá aproveitar as próximas linhas se aprender a primeira regra: a visão do profissional da política não é concentrada em "direita e esquerda", mas sim em "dentro e fora", o que na prática significa dentro e fora do jogo político. É preciso abandonar crenças pessoais sobre ideologia político-partidária durante a imersão, caso contrário, irá desprezar informações apenas porque elas vêm de fontes que não lhe parecerão proveitosas.

## O que é e como funciona uma eleição

Em 2018, teremos eleições majoritárias em que os vencedores precisam obter 50% dos votos válidos mais um voto e, ao mesmo tempo, as proporcionais, definindo os eleitos em um sistema que leva em consideração o total de votos obtidos pelas legendas e coligações partidárias, resultando em um total de vagas para cada partido, preenchidas pela ordem do mais votado para o menos votado. Vale dar uma lida no Código Eleitoral (artigos 105 a 113 da Lei 4.737)

Para os cargos majoritários de presidente e governador, a eleição pode ocorrer em um ou dois turnos, realizados neste ano nos dias 7 de outubro e 28 de outubro, respectivamente. Caso um candidato atinja os 50% +1 dos votos válidos já no primeiro turno, a eleição é encerrada.

Para o cargo de senador, a eleição ocorre apenas em turno único, entrando neste ano os dois candidatos mais votados por estado, independente do percentual de votos. Os senadores são representantes diretos dos seus Estados da federação e cada unidade federativa (UF) é representada por três senadores, totalizando 81 integrantes.

O número de deputados federais varia de Estado para Estado, de acordo com o número de habitantes. São Paulo, tem o máximo de parlamentares, com 70 representantes, enquanto Roraima tem o mínimo de representantes, com 8. No total, 513 deputados ocupam as cadeiras na Câmara Federal.

Os considerados proporcionais, deputado federal e estadual, seguem a mesma dinâmica da escolha do senado, apenas em turno único. Porém devem fazer duas contas: a do quociente eleitoral e a do quociente partidário.

O quociente eleitoral é o resultado da divisão do número de votos válidos, excluindo brancos e nulos, pelo total de cadeiras que cada Estado possui na Câmara Federal. Por exemplo, em São Paulo, em 2014, foram computados cerca de 21 milhões de votos no primeiro turno. Ao dividirmos esses votos pelo número de cadeiras (70), chegamos ao quociente aproximado de

300 mil votos, que seria o mínimo de votos necessários para que um candidato obtenha uma cadeira.

Após isso é feito o quociente partidário. Divide-se pelo quociente eleitoral, o número de votos que cada partido ou coligação obteve, levando-se em conta os votos nominais e de legenda.

No mesmo ano, Celso Russomano obteve mais de 1,5 milhões de votos, o que deu ao PRB um total de 5 cadeiras na Câmara, apenas pela votação de Russomano. Fazendo os dois cálculos de quociente, o PRB terminou 2014 com 8 parlamentares federais por São Paulo.

Nas disputas para deputados estaduais, o mesmo conceito se aplica, também com números de vagas variando por cada unidade da federação.

## As regras principais do jogo

A legislação eleitoral se divide em duas casas, a legislativa e a judiciária. Do legislativo, vem as principais regras como, por exemplo, a obrigatoriedade do voto, teto de gastos por campanha, distribuição de fundo eleitoral e outras. Sobre o tema, Recomendo a leitura Leis Federais 13.488 e 9.504.

Entre os diversos artigos, sugiro olhar com atenção as condutas vedadas, que estão no artigo 57º da Lei 9.504, e também o artigo 26º, da mesma Lei, que trada da publicidade eleitoral. Já na Lei 13.488, encontram-se os dispositivos alterados pela última reforma política.

Do judiciário, no caso, do Tribunal Superior Eleitoral (TSE), vem um conjunto de dez resoluções, tratando-se de definição de calendário eleitoral e detalhes não observados pelas leis aprovadas pelo legislativo.

## Para saber mais

Como o tempo é curto e há muito conteúdo para ser estudado, fiz uma lista grande e a reduzi para o que considero ser as principais referências sobre política e comunicação política, envolvendo filmes, séries, livros, veículos e influenciadores.

### Referências - Cinema

**A grande ilusão (All the king's men - 2013)**
Na ficção "A grande ilusão" há a transformação de um sindicalista em um candidato ao governo.
**Fique atento!**
À elaboração do candidato enquanto personagem.

## Entreatos (2004)
No documentário "Entreatos" você poderá ver os bastidores da campanha de Lula, para presidência do Brasil, em 2002.
**Fique atento!**
À organização, ao ritmo e aos compromissos que a agenda impõe.

## Mera coincidência (Wag the dog 1997)
Um clássico ficcional que traz a estratégia narrativa diante de fatos alheios a campanha, bem como, o uso da contrainformação como elemento de construção de narrativa midiática.
**Fique atento!**
À produção musical e ao storytelling.

## No (2012)
Filme chileno sobre o referendo que retirou Pinochet do cargo.
**Fique atento!**
À contraposição de narrativa que dividiu os profissionais da campanha.

## A onda (Die Welle - 2008)
Filme alemão sobre um professor que faz um experimento em sala de aula, para alunos do ensino médio, simulando um governo totalitário.
**Fique atento!**
Vale observar como o comportamento dos alunos se transforma de acordo com o desenrolar da simulação.

## Os segredos do poder (Primary colors – 1998)
Produção ficcional, mas com grandes similaridades com a história de Bill Clinton, sobre um candidato a governador estadunidense, com moral questionável, mas de habilidade e carisma acima da média.
**Fique atento!**
À divisão de tarefas do time principal do candidato e como eles reagem diante dos ocorridos.

## O destino de uma nação (Darkest Hour – 2017)
Recorta o período logo após a primeira condução de Winston Churchill ao cargo de Primeiro-ministro do Reino Unido e sua tentativa de convencer os políticos ingleses a não assinarem tratados de paz com Hitler.
**Fique atento!**
À elaboração dos discursos de Churchill e aos seus momentos de crise pessoal e reflexão.

## O Experimento de Milgram (Experimenter - 2015)
Descreve a vida do psicólogo social norte-americano Stanley Milgram, famoso pelo experimento sobre a disposição dos indivíduos em responder às ordens superiores, mesmo que em conflito com seus valores.
**Fique atento!**
Muitas teorias comportamentais desenvolvidas durante o experimento continuam válidas, principalmente na análise sobre usuários de redes sociais.

## Referências - Séries

### House of cards
Série ficcional que pode ser acessada no Netflix, que mostra a busca pelo poder de um político influente, suas relações com a mídia e as estratégias para minar adversários. Na terceira temporada, destaque para o uso da tecnologia para influenciar debate.

### O mecanismo
Série brasileira ficcional, também no Netflix, que ilustra bem o problema das relações entre a política e empresários, e que provocaram mudanças na legislação eleitoral, coibindo a doação empresarial.

### Roma
Série ficcional, disponível na HBO, que evidencia a formação do império romano, do ponto de vista bem humorado de dois legionários. Destaque para as articulações dos senadores e de grupos de interesse.

### Game of Thrones
Série ficcional, também disponível na HBO, bastante visceral, que leva ao espectador, além de muitas cenas de violência, elementos de estratégia política utilizados por 7 reinos que pretendem obter ascensão sobre os demais. Destaque para as negociações entre reinos rivais.

## Referências – Livros

### O príncipe – Maquiavel
Várias hipóteses foram levantadas sobre a motivação que Maquiavel teve ao escrever "O príncipe", a mais convencional é que a produção foi um pedido de um governante, que desejaria um "manual" para lidar com a política em um período feudal.

### Freaknomics – Stephen J. Dubner e Steven Levitt
Se você quiser ter uma ótica diferente sobre a queda de violência na cidade de Nova Iorque, leia este livro. Este e outros acontecimentos são "traduzidos" pela dupla jornalista-economista, ao reunir e interpretar dados que fogem da percepção comum.

### 1984 – George Orwell
O último romance de George Orwell descreve uma sociedade totalitária com intensa práticas de vigilâncias (Big Brother), onde tudo é feito coletivamente, mas cada qual vive sozinho.

### A revolução dos bichos – George Orwell
Na fábula, um grupo de animais revolucionários toma o poder de uma fazenda dos donos humanos e organiza um regime igualitário e justo no local. O livro, escrito por uma socialista democrático, é uma crítica à antiga União Soviética, às práticas de Joseph Stálin e à Revolução Russa.

## Referências – Jornalismo

**CB Poder**
http://blogs.correiobraziliense.com.br/cbpoder

**Coluna Radar – Revista Veja**
veja.abril.com.br/blog/radar

**Poder 360 – Portal**
poder360.com.br

**Painel – Jornal Folha de S. Paulo**
folha.uol.com.br/poder

**Política – Jornal O Estado de S. Paulo**
politica.estadao.com.br/blogs/coluna-do-estadao

## Referências – Influenciadores

**Ancelmo Góes** - blogs.oglobo.globo.com/ancelmo
**Josias de Souza** – josiasdesouza.blogosfera.uol.com.br
**Magno** – blogdomagno.com.br
**Ricardo Antunes** – ricardoantunes.com.br
**Ricardo Noblat** – veja.abril.com.br/blog/noblat

## Artigo:
# O deus dos candidatos morreu

Antes da reforma eleitoral, que tirou o dinheiro dos empresários das campanhas políticas, qualquer candidato rezava para um deus, no caso, o marqueteiro: o ser capaz de mudar a opinião pública por meio de seus milagres.

Temendo desobedecê-lo, o candidato, com medo de ser punido nas urnas, seguia à risca todas as instruções dessa divindade quase onipotente, por mais absurdas que fossem.

Assim nasceram grandes vitórias e fracassos. Maluf, por exemplo, disse um dia: *"se Pitta não for um bom prefeito, nunca mais votem em mim"*. Com isso, provou que arrependimento não mata.

**Assista no Youtube:**
https://bit.ly/2zhLZZi

### Campanha política no Brasil era sinônimo de dinheiro

A verdade é que campanhas são verdadeiros calvários para qualquer ser humano normal. A pressão por desempenhar um bom papel, sem erros, e obter os votos necessários é muito grande. Todos têm uma opinião para dar, uma receita mágica para o sucesso, principalmente as pessoas mais próximas ao candidato. Os marqueteiros tinham que, além de fazer o trabalho deles, não deixar que outros atrapalhassem.

O fato é que as campanhas brasileiras assemelhavam-se às grandes produções cinematográficas: programas de televisão em alta definição, com os melhores profissionais e equipamentos; planos de governo desenvolvidos pelos economistas mais renomados do país; artistas e influenciadores envolvidos em eventos e na campanha.

Para pagar uma conta desse tamanho, só com a ajuda de empresários, pois o fundo partidário, apesar de polpudo, não conseguia cobrir as despesas de comunicação, mobilização e de ordem política.

*Boa parte do dinheiro que financiava o deus acabou.* Inclusive, operações da polícia federal acabaram colocando alguns deuses no banco dos réus. É provável que marqueteiros de renome nem venham mais a se envolver com campanhas, agora que a fonte secou.

Como se a tragédia fosse pouca, a barata voa. Isto é, além do fim do financiamento corporativo, o período eleitoral ficou menor e o tempo da propaganda televisiva foi reduzido para meros 35 dias.

Em contrapartida, há o fim de uma limitação importante: a da exposição da pretensão de candidatura. *Desde 2015, qualquer político pode se pronunciar como possível candidato a qualquer tempo.* Portanto, se eu quisesse lançar minha candidatura à presidência em 2030, poderia divulgá-la hoje.

## Reforma política: tudo o que os candidatos sabiam não vale mais

Na prática, o que a reforma eleitoral fez foi reduzir a importância das superproduções dos marqueteiros e aumentar a importância do trabalho contínuo. Os canais digitais dos candidatos são a nova televisão. Todo dia é dia de campanha.

Candidato que esperar o período eleitoral para fazer campanha está morto caso encontre um adversário que se preparou.

Em suma, tudo o que políticos aprenderam sobre comunicação eleitoral terá que ser revisto. A televisão tinha a repetição da mensagem enlatada em um visual de esperança como fórmula mágica do sucesso.

A forma de se comunicar deve mudar. A comunicação deve deixar de ser em massa para ser segmentada, algo que ainda não é bem compreendido. Por exemplo, não dá para falar de educação ou de segurança pública com jovens, profissionais e idosos da mesma forma, o que sempre foi prático na televisão.

O posicionamento midiático também precisa evoluir. No

Brasil, fora exceções, candidatos sempre fugiram de questões polêmicas. Era fácil evitar falar de liberação do aborto, da descriminalização das drogas e de qualquer outra pauta que entrava em conflitos com segmentos.

Muitos políticos ainda pensam que quanto menor a exposição do que pensa, mais fácil será seu caminho eleitoral. Essa máxima era verdadeira quando a televisão concentrava o esforço de campanha. Nela, por pouco tempo, era possível fugir de assuntos e questionamentos.

Na web essa conduta não funciona. Internet não é televisão. Na televisão os expectadores não conseguem interagir com o conteúdo e nem escolher o que querem ver. Na internet as pessoas querem saber como o político pensa, quem ele realmente é e o que pretende. Menos frases motivacionais e mais trabalho.

O digital é cruel com o político que se mostra incapaz de tomar um posicionamento. A campanha de Marina Silva para a presidência em 2014 virou suco assim. Memes e vídeos mostrando a incoerência de seu discurso desconstruíram a candidata.

Fora isso, a web tem o poder de reviver defuntos. Aconteceu com Ciro durante a campanha política de Dilma em 2010.

Dois dias após ele assumir a coordenação da campanha petista, foi publicado um vídeo em que ele afirmava, dentre outras coisas, que Serra era melhor candidato que Dilma, que o PMDB era um agrupamento de bandidos e que o IBOPE vendia pesquisas. No dia seguinte, deixou o cargo.

Lula também foi lembrado por uma declaração sua em vídeo, dizendo ser contra o assistencialismo do governo Fernando Henrique, afirmando que projetos como o *Bolsa Família* eram para "calar a boca do povo com comida".

Em outro vídeo, Bolsonaro, muito antes de imaginar-se candidato à presidência, *afirma que fecharia o congresso no dia seguinte de uma possível eleição para Presidente.* Isso quebra qualquer chance de captar votos de pessoas que não são doentes por ele, inviabilizando sua eleição majoritária.

Sim, caros candidatos, seu deus morreu. Aceitem, abandonem velhos vícios e sigam em frente.

*Publicado no Correio Braziliense em 16/07/2017*

## Artigo:
## Por que você vai perder a próxima eleição

Na última eleição para governo, João tinha objetivos claros: derrotaria o candidato da situação e seria o governador de um importante estado da federação. Sabendo que não seria fácil, sua primeira tarefa foi providenciar recursos para pagar a empreitada.

Fez as contas e viu que o dinheiro do fundo partidário não conseguiria fazer frente ao adversário que, além de contar com apoio de fornecedores do governo, tinha um grande número de funcionários em cargos comissionados, que lhes serviriam de cabos eleitorais durante o período crucial.

João, apesar de ter uma quantia razoável de dinheiro próprio, resolveu procurar alguns empresários e amigos que pudessem ajudá-lo na sua campanha. Prometeu-lhes que suas provas de amizade seriam retribuídas em caso de vitória. Diante disso, conseguiu financiamento e foi atrás da montagem de sua equipe.

O marqueteiro, especializado em televisão, com uma série de vitórias famosas em seu currículo, foi o primeiro a ser escolhido. Em seguida, procurou uma pessoa de mobilização, capaz de contratar, orientar, mobilizar e pagar cerca de dois mil cabos eleitorais.

Contratou também um grupo que chamava de "economistas". Intelectuais e pensadores capazes de montar um plano de governo que parecesse crível e "factível".

Pesquisas caríssimas foram encomendadas. Identificou-se os bairros em que o candidato era reconhecido, os que ninguém tinha ouvido falar dele; a roupa que passaria a imagem de político comprometido e até as palavras ideais, para cada situação, que deveriam ser usadas. Nada de gravata preta, aliás, nada de gravata de cor alguma. O candidato deveria parecer "gente normal".

A mídia tradicional local, que não lhe dava prova alguma de amizade, recebeu um conjunto de anunciantes ligados ao candidato, com a condição de serem, no mínimo, complacentes.

O circo estava montado. Havia dinheiro, profissionais de renome, equipes de rua e mídia amiga.

O marqueteiro, muito experiente, tratou de fazer o seu trabalho, e o fez muito bem. Nas primeiras semanas, a propaganda da televisão sequer mostrava o número da candidatura. Apenas vídeos do candidato, com seu nome, histórico familiar e seus amigos eram mostrados. A ideia de criar empatia com a população deu certo.

Nas semanas seguintes, propostas para melhorar a cidade, jingles envolventes, depoimentos de jovens com esperança nos olhos e gráficos que mostravam sua ascensão.

O site e as redes sociais foram um reflexo do que a televisão mostrava. As propagandas não mencionaram o endereço do site ou faziam qualquer tipo de divulgação da sua presença digital. Para todos – marqueteiro, candidato e equipe – a web era um canal sem muita relevância.

Nas últimas duas semanas, o candidato a governador passou a marcar seu número e pedir o voto. Chegou a invadir o tempo de televisão dos deputados para massificar seu pedido. Usou todo tipo de espaço que poderia ter.

Os adversários facilitaram sua vida, presos a conceitos tradicionais, não apresentaram nenhuma novidade que fosse ao encontro das necessidades da população.

O resultado não poderia ser outro: vitória! Apertada, por menos de 5%, mas vitória!

## Os elementos do marketing político mudaram.
## O caminho da eleição mudou

Em resumo, as condições que possibilitaram que João fosse eleito, foram:

- Muito dinheiro
- Tempo de televisão
- Programas de televisão com produção profissional

- Equipe de rua numerosa
- Comunicação tradicional
- Adversários com mentalidade tradicional
- Mídia favorável

Com as novas regras eleitorais, definidas pela reforma política, João certamente perderia a eleição em 2018.

Sem recursos por causa da proibição do financiamento privado, como conseguiria contratar tantas pessoas? Como poderia pagar o marqueteiro famoso? De onde tiraria recursos para bancar programas de televisão com produção cinematográfica?

Como se não bastasse a falta de recursos, mesmo que João conseguisse que todos doassem seus trabalhos, a campanha foi reduzida por Lei. A televisão não terá mais que 30 dias para convencer eleitores. Candidatos a deputado federal e estadual não terão mais espaço nos blocos obrigatórios, somente poderão usar as inserções.

As mudanças atrapalharam quem pensa em campanha tradicional, mas favoreceram muito quem entende que há caminhos para estabelecer uma conexão com o eleitor.

## Uma revolução na comunicação e no marketing digital eleitoral

A presença digital de um candidato pode ser trabalhada a

qualquer tempo. Ficou proibido apenas o pedido de voto antes do período eleitoral, mas qualquer candidato pode construir sua base usando seus sites e perfis em redes sociais, na chamada pré-campanha.

A possibilidade do sistema de financiamento coletivo, mais do que uma ferramenta para arrecadar recursos, é uma forma de levar a mensagem dos candidatos a sua militância e seus eleitores.

Também como novidade, creio que a mais importante, é a permissão do impulsionamento de publicações em redes sociais. Antes do impulsionamento tínhamos que usar a internet como quem usa a televisão, fazendo uma mensagem e torcendo para que ela impactasse o maior número de pessoas. Agora podemos escolher as mensagens certas, de acordo com os interesses dos eleitores.

Hoje, o candidato que apostar na televisão como prioridade, terá chance apenas se disputar com outros que tenham o mesmo pensamento. Mas, será derrotado nas urnas em caso de disputa com alguém que se preocupa em formar base de simpatizantes, captar mailing de endereços de e-mails e números de celular, apresentar um discurso transparente e coerente, segmentado de acordo os interesses dos públicos alvo. Para isso, é preciso uma equipe bem preparada, multidisciplinar, que não entenda somente a comunicação, mas também o marketing digital para campanhas eleitorais e como a política funciona.

O que fará a diferença na próxima eleição é o entendimento que cada candidato tem do novo jogo que acontecerá, uma campanha transmídia. Como em tudo, o que se adaptar sobreviverá. O que preferir acreditar que tudo será como antes, deverá ter uma surpresa amarga em 2018.

*Publicado na Folha de S. Paulo em 28/1/2016*

Atualização do autor:

Os resultados das eleições em 2018 mostraram que a previsão sobre a mudança na forma de fazer política estava acertada. O candidato a presidente que venceu a disputa tinha pouco tempo de televisão, uma coligação muito pequena, mas uma narrativa consistente e em sinergia com os interesses da população naquele momento, que desejava a ruptura da política tradicional.

Em 2020, vimos um cenário diferente, com a pandemia adiando as eleições e colocando no eleitor a preocupação com os desdobramentos da crise na saúde. Os eleitores optaram por candidatos mais experientes e com mais previsibilidade em suas ações.

As ponderações feitas no artigo continuam atuais. A maior parte da classe política ainda insiste no modelo tradicional de comunicação.

# Imersão em marketing e comunicação digital com foco no uso para política

O dinamismo de uma campanha política contemporânea, em que o uso adequado dos meios digitais pode significar a vitória ou a derrota, exige que os profissionais de comunicação estejam familiarizados com conceitos do marketing e da comunicação digital.

## O que os eleitores buscam nos canais digitais de candidatos

Desde as eleições de 2014, a Vitorino&Mendonça, consultoria em marketing e comunicação política, e a Presença Online, escola de marketing digital, realizam a pesquisa "O que o eleitor conectado quer", buscando identificar as expectativas de eleitores que usam a internet para se informar sobre política e candidatos. Aos entrevistados são apresentadas questões que identificam posicionamento partidário, ideológico e comportamental.

Em três edições da pesquisa (2014, 2016 e 2018), todas com mais de mil participantes em todo território nacional, podemos observar mudanças no viés ideológico dos respondentes. Mas mantêm-se um padrão acerca do consumo de conteúdo sobre candidatos políticos. Nas três eleições pesquisadas, itens como trajetória do candidato, como ele pensa e o que ele propõe, continua sendo os três critérios de decisão de voto.

Na edição 2018, em relação aos muitos formatos de conteúdo que podem ser utilizados na comunicação eleitoral, observamos também o aumento do interesse em vídeos com o próprio candidato. Este resultado é corroborado com teorias como a sociedade do espetáculo de Guy Debord, que já no fim dos anos 60, desenhava uma sociedade em que relação de pessoas passava a ser mediada por imagens[2].

Os resultados dessa pesquisa são conteúdos didáticos dos cursos de marketing político da Presença Online e também do programa MasterClass Eleições 2018 (presencaonline.com/masterclass). Nos cursos, os alunos têm acesso aos dados abertos da pesquisa, possibilitando a realização de cruzamentos para análises segmentadas de acordo com seu próprio interesse.

## O comportamento dos usuários nas redes sociais

Descrever o comportamento de usuários em redes sociais é uma tarefa extremamente complexa, principalmente porque acabamos generalizando diversos grupos divergentes, com interesses e motivações de uso diferentes, contudo, podemos observar duas características na finalidade: o relacionamento e o entretenimento.

Entender essas máximas é o que permite, para quem trabalha em uma campanha, acertar o tom da comunicação na mídia social. Em caso de uma aposta meramente informativa, em caráter jornalístico, sem juízo de valor, nem a componentes emocionais, o resultado é a falta de engajamento, decorrente da

[2] Para saber mais: DEBORD, G., A Sociedade do Espetáculo, Tradução de Estela dos Santos Abreu, Rio de Janeiro: Editora Contraponto, 1997.

dissonância entre conteúdo e a cultura de consumo de conteúdo relacionada ao meio.

A tarefa e o maior desafio para os profissionais é prover conteúdos que mobilizem a opinião dos públicos de interesse, com informações úteis, mas também por meio de uma narrativa que possibilite a promoção do entretenimento e do relacionamento. Vale investir em aprofundar seus conhecimentos acerca de técnicas de storytelling e também sobre arquétipos culturais.

## Os principais valores de uma boa comunicação digital competente

Na hora de definir o caminho que será tomado pela comunicação digital, é preciso começar a contar a história de um jeito diferente, de trás para frente. Começando com o esboço do que seria o cenário ideal para o sucesso e recuando para a construção desse cenário.

Após essa definição, devemos prezar por alguns valores, que resumidamente são:

### Originalidade
conteúdos não esperados provocam reações que impulsionam a comunicação de forma orgânica.

**Variedade**
para manter espectadores atentos, é preciso variar bastante nos diversos formatos oferecidos pelas plataformas e meios.

**Valor**
em todas as publicações é necessário que alguma informação de valor esteja expressa.

**Propósito**
os públicos de interesse precisam enxergar o propósito de cada ato da comunicação, peça a peça do conteúdo.

**Chamada para ação**
diferentemente de outros meios, podemos e devemos sempre provocar uma ação em cada conteúdo divulgado, seja um ato virtual ou presencial.

## A preparação para a equipe

Na maioria das vezes, dado o grande número de campanhas políticas, é comum que faltem pessoas experientes para trabalhar com marketing político eleitoral, o que resulta em um processo de adaptação das equipes de trabalho, que acabam sendo formadas por profissionais com a cultura do mercado corporativo.

Além das referências já citadas neste material, que ajudam na imersão da equipe, para que os resultados das ações digitais cruzem a fronteira virtual e rendam votos, é preciso "mudar a chave" em relação ao "tempo" do trabalho.

Quem não está acostumado com campanhas eleitorais geralmente não se dá conta, mas o domínio do tempo é a peça chave da maioria das campanhas vitoriosas.

A equipe precisa entender claramente a contagem regressiva que o desafio impõe. Uma prática que costuma ser muito diferente da que ocorre no corporativo.

Em toda campanha que faço, dou atenção especial ao treinamento de toda equipe por meio de aulas on-line, o que reduz consideravelmente a possibilidade de erros que comprometam a campanha e também aumentam, na mesma proporção, as chances da comunicação resultar em votos.

Artigo:

# Os pilares da comunicação política e a internet

Considero que há cinco grandes pilares para que a comunicação de mandato tenha sucesso:

1. Informação
2. Presença e exposição
3. Relacionamento
4. Reputação
5. Pesquisa e desenvolvimento

**1. Informação**

O primeiro pilar, a **informação**, é o que define as bases para as estratégias que serão utilizadas. Reúne-se informações de todos os públicos de interesse, os temas que serão abordados e evitados durante o mandato, as palavras e termos compostos mais utilizados relacionados aos temas, os pontos de atenção, os canais que serão ativados e os políticos "concorrentes".

Munido das informações corretas, é possível planejar, produzir e aproveitar melhor as oportunidades que surgem do dia a dia. O político falará sobre uma pauta? Pode saber o que os influenciadores dizem a respeito, escolher os melhores termos para se posicionar e, depois do posicionamento, fazer a disseminação da mensagem para os públicos de interesse previamente definidos.

## 2. Presença e exposição

Em seguida há o pilar da **presença e exposição**, tratando de como o mandato será exposto ao seu público, que é um dos pontos mais fracos da maioria dos políticos brasileiros. Com a febre do Facebook, grande parte entendeu que só essa presença é necessária, excluindo um universo de possibilidades e restringindo o alcance do conteúdo.

Dentro dessa "caixinha" há os canais próprios, como o site ou blog do político; as demais redes sociais, o que inclui o YouTube (bastante subutilizado); canais paralelos, que podem ser portais temáticos ou regionais; comunicadores instantâneos, como um WhatsApp para o mandato; e eventos presenciais e virtuais.

## 3. Relacionamento

Outro pilar importante é o do **relacionamento**. Dado o caráter do imediatismo e da dispersão de atenção dos usuários graças a grande quantidade de conteúdos publicados, as redes sociais não são suficientes para estabelecer relacionamento com eleitores, mas demandam que se faça o que chamamos de gestão de respostas, respondendo aos questionamentos dos eleitores.

Contudo, há ainda a possibilidade do relacionamento se fazer presente por meio de proposição de enquetes sobre temas específicos; pela votação de eleitores sobre um projeto ou posicionamento; em transmissões ao vivo nas plataformas do YouTube e do Facebook; pela disseminação dos conteúdos via WhatsApp, em grupos de Facebook ou por e-mail; e por fim, com a utilização de técnicas de inbound marketing (coleta e nutrição de cadastros).

## 4. Reputação

Evidentemente, para que os eleitores prestem a atenção ou que encontrem o conteúdo é preciso obter **reputação**, o pilar que considero mais importante. A reputação neste caso se dá por dois aspectos: a propriedade do emissor da mensagem para posicionamento sobre um tema ou projeto; o entendimento dos mecanismos de busca como o Google a respeito dos canais do político. **De forma simples: as pessoas e a tecnologia precisam considerar o político e seus canais como fontes seguras e confiáveis de informação.**

Para construção da reputação primeiramente é preciso estabelecer objetivamente a "mensagem" que será vinculada ao político, bem como, a definição da "persona" pública. Com esses dois elementos definidos, parte-se para a produção de conteúdo, independentemente do formato, se texto, vídeo ou foto. Em comunicação, qualquer atividade é um conteúdo.

Cabe inclusive um alerta aos profissionais e políticos: basta uma foto mal pensada ou uma frase mal colocada, para uma reputação ser devastada. A máxima do "menos ser mais" também não se aplica. Deve-se divulgar sempre conteúdos que ajudem na construção de uma marca. Se tem uma equipe profissional e uma atividade que permita fazer muitas divulgações, ótimo.

No aspecto da construção de reputação digital, muita gente reduz o significado e a importância dessa atividade. Não basta apenas estar presente na primeira página do Google quando alguém digita seu nome, é preciso também estar presente quando alguém procura por sua atividade ou por seus projetos. Pode fazer o teste comigo, pode procurar por "Marcelo Vitorino", "curso de marketing político" ou "palestrante de marketing digital". Vai me achar na primeira página, variando o posicionamento.

Esse tipo de resultado não é fácil de conquistar, leva meses e requer muito trabalho na produção de conteúdos, como esse aqui que você está lendo, e também na correta publicação dos textos, tarefa que consome muito tempo e exige técnica.

### 5. Pesquisa

A **pesquisa e desenvolvimento**, é o quinto pilar, baseado no marketing tradicional, que estrutura benchmark, promove ações, mensura resultados e altera a estratégia caso necessário.

Agrega-se aos dados obtidos pela "informação", uma espécie de fotografia do momento que o trabalho se inicia, para ser comparada ao longo dos meses para ver o que funcionou e o que pode ser aprimorado.

O monitoramento de menções em redes sociais perdeu muito do valor depois que o Facebook cortou a possibilidade de ferramentas monitorar os usuários. Hoje é mais produtivo monitorar as próprias ações e as pautas de interesse para aproveitar as oportunidades.

Para finalizar, todos os pilares só funcionam bem se tiver profissionais qualificados e visão de investimento, entendendo que a comunicação política é muito mais do que uma foto com frase motivacional. Na urna é o voto que conta, não o like!

*Publicado no marketingpoliticohoje.com.br em 10/1/2018*

# Imersão em tecnologia

A maior parte das recorrências acerca da baixa performance do uso de canais digitais, já sanados vícios na comunicação e no entendimento do meio político, acontece por falta de conhecimento amplo sobre como cada ferramenta funciona. Aqui listo o que considero fundamental:

## Finalidade

Em primeiro lugar, antes de qualquer estratégia ser traçada, devemos entender que a internet não é "fim", mas sim um "meio" para algo. Entendo que minha colocação pode parecer um tanto quanto óbvia, mas ela é importante demais para ser omitida.

Realizei muitas campanhas e acompanhei outras tantas durante os últimos anos. Pude notar que muitas ações deram errado pelo entendimento equivocado na finalidade.

Com muita frequência, candidatos e profissionais mais afobados criam canais e usam ferramentas antes mesmo de saber quais resultados devem obter.

Por exemplo, criamos um canal de Youtube por um motivo: alimentar os resultados de busca para que os eleitores encontrem informações de valor sobre o candidato. Para essa ação funcionar, será necessário fazer vídeos mais longos, com mais de cinco minutos e legendá-los de maneira que o conteúdo possa ser encontrado pelo Google. Até mesmo a forma de legendar o vídeo fará diferença no resultado e sem esse entendimento o canal é praticamente inútil.

## Indexação

O sonho de todo candidato é ter uma primeira página de Google em que seu nome seja apenas associado a pautas positivas, mas não entende que para que esse cenário seja possível será necessário produzir conteúdo em grande volume.

É obrigação dos profissionais que trabalham no marketing político digital conhecer, com propriedade, o funcionamento dos mecanismos de busca, as plataformas de publicação de conteúdo mais apropriadas para a indexação, as técnicas de SEO (*Search Engine Optimization*), tanto para a produção, quanto para a publicação de conteúdo.

Além das informações acima, também se faz necessário ter conhecimentos básicos de HTML, bem como, de ferramentas que permitam identificar os melhores termos para indexação e falhas na configuração das plataformas de publicação de conteúdo. Complemento aqui com as ferramentas que possibilitam o monitoramento do comportamento dos usuários nos canais próprios.

## Big data e inbound marketing

Nos processos eleitorais dos últimos anos o foco da comunicação digital acabou sendo apenas a alimentação de redes sociais. Pouco se evoluiu em outras áreas como construção de big data e uso de inbound marketing.

A realidade é que para que qualquer iniciativa de big data funcione em larga escala, são necessários ao menos seis meses de esforços na captação de cadastros e informações sobre eleitores, dada a impossibilidade da compra de cadastros já captados, o que inviabiliza ações que impactem eleitores ou empurra a campanha para a margem da ilegalidade.

Contudo, mesmo com pouco tempo disponível, ainda assim é interessante usar estratégias que coletem, principalmente, dados de militantes. São eles que servirão de apoio para o combate aos boatos, por meio da disseminação de mensagens coordenadas pelo núcleo de inteligência da campanha.

O trabalho de coleta de dados só traz resultados práticos quando aliado ao uso de inbound marketing, uma técnica que consiste em quatro pilares: atração, nutrição, retenção e ativação de contatos. Em resumo, após o cadastro de um eleitor ou militantes, uma régua de conteúdos é ativada automaticamente, levando informações de valor, qualificando o contato de acordo com seu interesse e atividade, para posteriormente receber comandos de ativação.

## Automatização e robôs

Outro ponto a ser estudado e conhecido pelos profissionais de marketing político digital, tratando-se de uma novidade no cenário, é o uso de *chatbots* na comunicação política. Um *chatbot* é um processo automatizado de respostas, em que eleitores iniciam conversas com "assistentes virtuais", o que chamo de "robôs do bem". Por exemplo, ao deixar um comentário em uma página no Facebook, o eleitor pode ser chamado para uma conversa privada, de forma automática, via aplicativo de mensagens (Facebook Messenger).

A conversação pode ocorrer de duas formas: usando a inteligência artificial para "entender" o que está sendo escrito na janela de conversação ou com a interação acontecendo por meio de um menu de opções pré-determinadas.

Os *chatbots* no Facebook também podem ser utilizados para efetuar pesquisas, coletar mais dados de usuários e, enviar mensagens privadas sob demanda. Há no mercado várias empresas oferecendo plataformas como serviço, em que o contratante paga um valor mensal de acordo com a quantidade de usuários na base.

Com funcionamento similar aos "irmãos" de rede social, é importante dizer que chatbots também podem ser programados para WhatsApp, mas com uma diferença grande: será necessário contratar um programador e pagar pelo desenvolvimento individualizado.

Há também o risco do seu *chatbot* de Whatsapp ficar indisponível em algum momento, pois o uso da API da ferramenta não conta com regulamentação para esta finalidade, o que pode originar a suspensão do número de telefone utilizado, fazendo com que todo o trabalho de divulgação do canal e seu investimento seja perdido.

## Broadcast e on demand

Uma das principais diferenças entre a internet e os demais meios de comunicação está na maneira de fornecer o conteúdo. Enquanto a televisão e o rádio oferecem conteúdo em transmissão *broadcast*, em massa, a internet possibilita ao espectador escolher aquilo que deseja ver, deixando o conteúdo disponível sob demanda, *on demand*.

Tendo esse entendimento, fica evidente que a produção de conteúdo deve ser alterada, "de um para muitos" para "de um, com vários tons e linguagens, para muitos, de forma segmentada".

Utilizar os meios digitais para estabelecer uma comunicação em massa é desperdiçar a maior parte do potencial de engajamento que o meio permite, justamente por não entregar a cada público argumentos que criem empatia desde o primeiro impacto.

Dada a cultura do consumo sob demanda, recomendo que

os conteúdos tenham gatilhos mentais já em seu início[3]. Para exemplificar, ao fazer um vídeo, o título precisa ser chamativo e claro, com seus primeiros cinco segundos de conteúdo que prenda a atenção do expectador e o motive a continuar. Pode parecer, mas não é exatamente uma tarefa fácil, principalmente se pretende utilizar tom jornalístico, em que fatos são narrados, como uma visita a uma cidade.

---

[3] Saiba mais no artigo "Sua estratégia digital é colocar o spot de TV na internet? É hora de rever isso", publicado no canal Think whith Google, do Google.

## Artigo:

# O que esperar de aplicativos de mobilização de militantes

Está procurando um aplicativo de mobilização de militantes? Tenho algumas coisas a dizer.

É preciso ter em mente que até mesmo militantes bem envolvidos em uma causa, não acordam pensando: "o que vou fazer hoje para ajudar meu candidato". Em meio a contas para pagar e aos seus compromissos pessoais, militantes acabam "esquecendo" de fazer as tarefas combinadas e precisam ser lembrados sempre que possível.

Desde que migrei da campanha de rua para a digital, em 2008, procuro formas de mobilizar militantes com finalidade eleitoral. O fiz por todos os meios possíveis: SMS, e-mail, Facebook e, mais recentemente, WhatsApp.

### Como mobilizar a militância

### Como eu usava essas ferramentas?

Enviava missões diárias para a militância como, por exemplo, assistir e compartilhar conteúdos, organizarem um evento de rua, alertar a campanha para ações de guerrilha de outros candidatos, entre outros.

Geralmente, as missões são precedidas por reuniões presenciais, que explicam como o trabalho ocorrerá, o que precisam saber sobre a campanha, o que se espera desses militantes, quais as tarefas que serão empregadas e como eles devem se organizar.

Quando bem organizada, a ativação é feita por grupos, que são definidos por interesse em temas, regiões ou funções em campanha. Essa organização é fundamental para que as pessoas não façam tarefas duplicadas, nem se confundam mediante outras ações.

## Por trás da mobilização

Com essas informações acima, imagino que já conseguiu entender que será preciso ter profissionais dedicados a esse trabalho. Redatores, analistas de relacionamento, designers e analistas de CRM.

Sinto dizer, mas todo esse trabalho até hoje só pode ser feito manualmente. Até a presente data, nenhuma plataforma de mobilização de militantes se mostrou ideal.

Para organizar a comunicação, posso usar Mailchimp para envio de e-mails, E-goi para envio de SMS, BeMoby para WhatsApp, além de outras.

## O aplicativo ideal

O que não consegui em canto algum? Uma plataforma que enviasse notificação PUSH para a tela de usuários de celular.

Claro que para ter notificação PUSH o usuário teria que fazer o download de um aplicativo, mas isso não é problema dado que meu foco não é o eleitor comum, mas sim o militante.

Todas as ferramentas que testei até o momento não entregaram a notificação PUSH como eu gostaria, em todos os tipos de sistema operacionais com comandos para ações em aplicativos de terceiros.

### O que eu recomendo que você faça antes de contratar uma ferramenta?

1. Peça um teste e instale em 50 aparelhos celulares, de diversas marcas e modelos
2. Teste distribuindo missões como citei acima
3. Verifique a entrega das mensagens e o controle de tarefas
4. Assegure-se sobre onde estão armazenados os dados dos usuários
5. Teste o painel administrativo e certifique-se que fornece as informações que você precisa
6. Confira as opções de segmentação
7. Avalie se as informações de georeferenciamento são verdadeiras
8. Garanta a qualidade na exportação de bases de dados.

Depois de tudo isso, se atende os requisitos, contrate! E se for bom, seja gentil comigo e me conte :)

*Publicado no marketingpoliticohoje.com.br*
*em 17/4/2018*

Artigo:

# Usando o Facebook para pesquisas de afinidade de públicos

*por: Maíra Moraes*
*Pesquisadora*
*Universidade de Brasília (UnB)*

Utilizar dados de redes sociais como o Facebook para pesquisa tem sido uma prática cada vez mais frequente entre os pesquisadores de diversas áreas. O que apresentamos a seguir, é a metodologia identificada como "Pesquisa de afinidade de públicos", que pode ser utilizada para o mapeamento de públicos de interesse de produtos, ideias ou serviços a partir de dados comerciais oferecidos pelo Facebook.

A metodologia foi utilizada pela primeira vez por Marcelo Vitorino durante o período pré-eleitoral de 2016 para entender, com base em comportamentos de consumo dos usuários do Facebook, com quais grupos certos candidatos teriam mais alinhamento para assim, construir realidades por meio de discursos e práticas de planejamento de comunicação: a *persona* do candidato, sua narrativa junto ao eleitorado.

Para iniciar a coleta de informações são necessárias quatro fases preliminares.

## 1º passo – Identificando os grupos de interesse

Inicialmente, faz-se o levantamento de grupos de interesse (macrosegmentação). Essas informações são definidas com base em coleta de informações com o candidato e equipe assessora. No caso analisado, definiu-se o recorte: família, funcionalismo, gênero, políticos cariocas, preferência política, profissão, região, religião e visão de justiça. Isto é, todos os usuários do Facebook, selecionam a cidade do Rio de Janeiro como residência e que curtiram alguma página na rede social que se refere a qualquer um dos temas faz parte da amostragem da pesquisa.

## 2º passo – Identificando os públicos

O segundo passo é a definições de públicos dentro dos grupos (microsegmentação). Estas informações são refinadas pelo estrategista que detalhou cada variável dentro de cada grupo, por exemplo, no grupo família, novos filtros foram indexados como: casados, com filhos, interesse em família, novo emprego, recém-casados, recém mudados, recém noivados, solteiros.

No grupo funcionalismo, foram relacionados os filtros: funcionários públicos em geral, Guarda Civil Municipal do Rio de Janeiro (GCM/RJ), Governo do Estado do Rio de Janeiro e Prefeitura Municipal do Rio de Janeiro. Em preferências políticas, os filtros variavam entre Aécio e PSDB, Dilma, Lula e PT. Esse trabalho de microsegmentação é realizado com todos os grupos de interesse mapeados anteriormente.

Esses filtros definem para quais usuários o Facebook mostrará o anúncio do candidato em questão (produzidos em diversos formatos como vídeo, fan page, artigos e link para sites). Veiculado o anúncio na rede social, já é possível fazer uma análise sobre quais são os públicos que estão apresentando as melhores performances, ou seja, mais curtidas.

A base de análise é a coluna de custos: os públicos com menores custos de curtir, são os mais próximos de alinhamento com o candidato. Outras informações também são mostradas na ferramenta como o quanto os anúncios estão causando de envolvimento, quantidade de compartilhamentos, de cliques, de curtidas na página e de curtidas no post.

Mas as conclusões extraídas desta pesquisa vão além das métricas disponibilizadas pelo Facebook. A questão "quais são os públicos com maior afinidade com o candidato?" é respondida por meio de cruzamento de informações qual o potencial de pessoas que curtiram páginas sobre Lula e que também curtem páginas sobre o candidato; (2) quantas pessoas que são solteiras e com filhos curtem páginas sobre o candidato; (3) estudantes ou professores, qual o público com mais afinidade com o candidato; e outras variáveis a serem criadas pela equipe estratégica.

Para chegar a essas respostas mais duas fases são necessárias.

## 3º passo – Realizando o set up dos públicos

Após a definição dos públicos dentro dos grupos, inicia-se a fase técnica chamada "set up dos públicos", uma atividade operacional, em que um profissional com competências no uso do "Facebook for business", realiza o passo a passo para criação de uma campanha dentro da ferramenta.

## 4º passo – Iniciando a campanha

Em seguida realiza-se o "set up da campanha" quando se aciona o sistema para que a ferramenta configure os dados de acordo com os objetivos definidos. O Facebook fornece diversas opções de campanhas que o de acordo com a finalidade buscada, como cliques no site, conversão dentro do site, visualização de vídeo, envolvimento com publicação e outros.

## Resultados

No caso da pesquisa de afinidade, a variável trabalhada é "curtidas na página", novos fãs adquiridos na página por meio dos anúncios; e "alcance", número total de pessoas que viram o anúncio. Quanto o menor alcance e maior o volume de curtidas, chega-se à identificação dos grupos com mais afinidade junto ao candidato, chamados de "engajadores" e "disseminadores" (gráfico 1). Em termos financeiros, quanto maior afinidade, menor o investimento financeiro necessário para converter uma curtida na página do candidato.

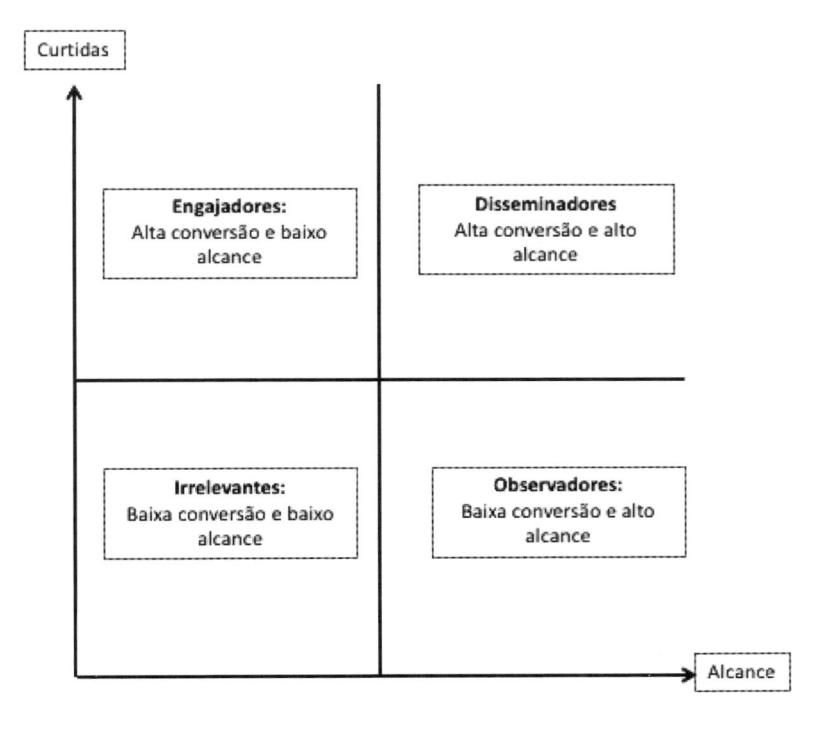

```
Curtidas
↑
   | Engajadores:          | Disseminadores
   | Alta conversão e baixo| Alta conversão e alto
   | alcance               | alcance
   |---------------------------------------
   | Irrelevantes:         | Observadores:
   | Baixa conversão e baixo| Baixa conversão e alto
   | alcance               | alcance
                                    → Alcance
```

**Gráfico 1** Qual o público de maior afinidade com o pré-candidato?

Com o resultado dos conjuntos de anúncios sobre o pré-candidato, os grupos foram posicionados de acordo com os quadrantes:

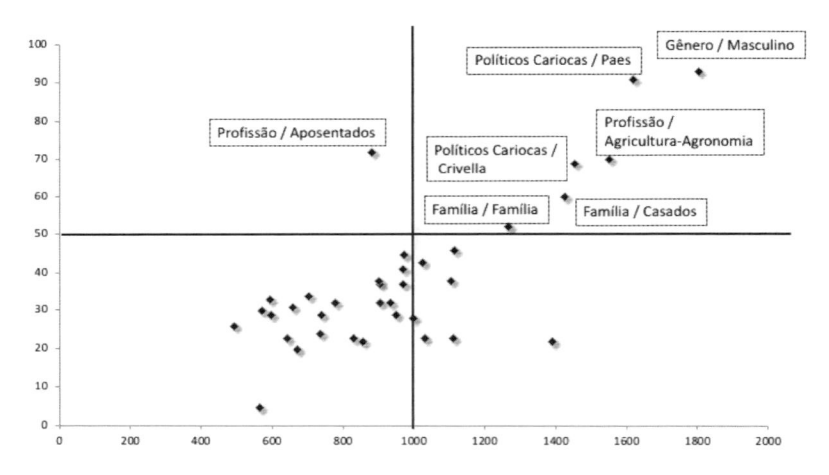

**Gráfico 2** Públicos e grau de afinidade com o pré-candidato

## Análise

O grupo localizado no quadrante "engajadores" é lido pelos planejadores de comunicação como um público com potencial de impactar outros grupos quando o tema estiver relacionado ao candidato, sua campanha, seu projeto político. Apesar de serem considerados de baixo alcance e um grupo numericamente pequeno (baixo alcance) comparado com os quadrantes à direita, têm força de proteção à imagem do candidato e requerem baixo investimento para mobilização digital. Em casos de crise de imagem, por exemplo, podem ser impactados com anúncios para que se mobilizem e repliquem informações para influenciar opiniões em suas redes de sociabilidade, presenciais ou digitais.

Segundo Vitorino, o principal foco do trabalho será voltado para os grupos classificados como "disseminadores". São grupos de pessoas numericamente maior (alto alcance) e com alta conversão de curtidas nos anúncios realizados. O perfil destes grupos pauta decisões sobre a narrativa a ser utilizada pelo pré--candidato. Se, de acordo com estudos paralelos identificar-se que os votos femininos serão decisivos nas eleições, este concorrente precisaria trabalhar narrativas de aproximação com os grupos femininos já que sua afinidade é maior com o público masculino. Para isso, materiais de divulgação, propostas de campanha, agenda de eventos e outras ferramentas seriam construídas buscando afinidade com o segmento feminino.

Um exemplo de orientação dada a um pré-candidato a prefeito do Rio de Janeiro, com base no quadro de afinidade, foi a mudança de discurso sobre Eduardo Paes, prefeito em exercício no período. Quando a candidatura se transformou em um projeto político do pré-candidato, ele começou a fazer constantes críticas à gestão de Paes tanto na mídia quanto em seus canais próprios e redes sociais. Mas a pesquisa de afinidade mostrou que ambos tinham mais proximidade do que o esperado (gráfico 2). A postura crítica ao governo em exercício afastava os "disseminadores", grupo de afinidade importante para viabilizar sua candidatura. Situação semelhante foi identificada com

Marcelo Crivella e nesse contexto, novas narrativas poderiam ser construídas para os materiais e discursos do pré-candidato, mais próximas a Paes e Crivella e outros personagens seriam incluídos na dimensão das críticas.

As práticas de gestão de projetos atentam para a limitação de recursos como tempo, dinheiro e pessoas. Engajado nessa lógica o estrategista da pré-campanha, analisou os públicos posicionados nos quadrantes inferiores como não prioritários. No inferior direito, os grupos poderiam ser acionados em casos de crise, impactados com narrativas de defesa, mas não diretamente ligadas ao político e sim a algum tema que o vincule positivamente. No inferior esquerdo, um público pequeno e sem aderência, só seriam alvo de iniciativas da campanha se houvessem "tempo, dinheiro e recursos sobrando", explica Marcelo Vitorino.

*Este texto faz parte do estudo "Materialidades de práticas de vigilância: como suas curtidas no Facebook constroem um bom candidato político", apresentado na íntegra no XV Ibercom - Lisboa, pela pesquisadora Maíra Martins Moraes, com o apoio da FAP-DF (Fundação de Amparo à Pesquisa do Distrito Federal).*

# Os principais aspectos da legislação eleitoral em relação ao digital

A legislação eleitoral é bastante complexa e, de certa forma, confusa para a maioria das pessoas, o que inclui até mesmo candidatos e equipes. Escrevi brevemente sobre o tema no capítulo "As regras principais do jogo", e considero relevante que você conheça alguns dos principais aspectos da legislação que condizem estritamente a comunicação digital.

Muitas regras foram alteradas, o que acabará por aumentar o grau de judicialização das campanhas.

## Financiamento

Desde 2017 foram incluídas duas possibilidades de financiamento eleitoral: o crowdfunding (financiamento coletivo) e a comercialização de produtos.

De forma simples, pré-candidatos podem, a partir de 15 de maio, arrecadar recursos para suas campanhas, por meio de ferramentas digitais de arrecadação homologadas pelo TSE. Os arrecadadores somente poderão utilizar os recursos após aprovados os respectivos registros de candidatura. Em caso de não estarem aptos ou desistirem, deverão devolver os recursos aos doadores. Os recibos de doações passaram a ser enviados por e-mails. Além disso foram impostos dois limites: um diário por doador de R$ 1.064,00; e outro que determina que apenas 10% do rendimento bruto anual de um eleitor pode ser doado para campanhas eleitorais.

A comercialização de produtos obedece ao limite do teto referente ao rendimento bruto, mas deve ser realizada apenas a partir de 16 de agosto. O TSE não impôs restrições ao tipo de produtos que podem ser comercializados, devendo se manifestar apenas em caso concreto, ou seja, diante de uma situação específica.

## Impulsionamento e links patrocinados

Conteúdos em redes sociais somente poderão ser impulsionados no período eleitoral, limitados apenas a partidos, coligações, candidatos e representantes legais. Também será necessário explicitar dentro do conteúdo que se trata de campanha política.

Todo o investimento em impulsionamento deverá ser declarado como gasto de campanha, com conta de anúncios aberta com o CNPJ da campanha. Até o momento da publicação deste material, o único meio de pagamento permitido pelo Facebook é via cartão de crédito. Acredito que em breve haverá alguma decisão que permita o uso de boletos registrados, caso contrário, muitos candidatos não conseguirão utilizar a novidade dado o número de dias necessários para que cartões de crédito da conta bancária do CNPJ de campanha sejam emitidos e, quando emitidos, tenham limites de crédito compatíveis com investimento em campanha. Uma alternativa que pode tentar ser adotada é o uso de cartões de crédito pré-pagos.

Além do impulsionamento em redes, está liberado também o investimento em links patrocinados, com objetivo de posicionamento nos resultados dos mecanismos de busca. A matéria também não foi limitada pelo TSE, mas deve-se observar as demais regras eleitoras, que proibiriam, por analogia, a compra de termos com objetivo de prejudicar outro candidato.

## Guerrilha e fake news

Não há sequer uma campanha imune a disseminação de notícias falsas. Todas estão sujeitas a boatos espalhados pelas redes sociais, sites e blogs, plataformas de vídeo e também sistemas de mensagens eletrônicas como SMS, WhatsApp e e-mail.

O problema é muito antigo, mas passou a receber atenção depois da influência nas eleições estadunidense e francesa, em que pôde ser observado um grande número de mensagens tendenciosas para desconstrução de adversários.

No Brasil, a última reforma política chegou a qualificar como crime quem contrata e quem é contratado para disseminar boatos, mas a medida que obrigaria plataformas como o Facebook a exigir a autenticidade dos usuários, em caso de denúncia, foi derrubada pelo presidente Michel Temer.

Aos candidatos, resta apenas estruturar seus departamentos

jurídicos para agir na identificação de autoria e na retirada de conteúdos caluniosos ou difamatórios, sua equipe de comunicação para identificar e produzir conteúdo de combate, e também a sua militância para espalhar a verdade dos fatos.

A justiça eleitoral está determinada a remover conteúdos com velocidade, porém a batalha nos comunicadores instantâneos como o WhatsApp está perdida, dada a forma de transmissão das mensagens, entregues de usuário a usuário, sem passar por uma central, o que inviabiliza a interrupção da disseminação do conteúdo e, na maioria dos casos, a identificação do emissor original.

## Pré-campanha e período eleitoral

Diferentemente do que ocorreu em 2014, a justiça qualificou as campanhas eleitorais em dois tempos distintos. O primeiro, chamado de pré-campanha, que vai até 16 de agosto, e o segundo chamado de período eleitoral, que vai de 16 de agosto ao fim do processo eleitoral.

Durante a pré-campanha deve ser observada uma restrição específica para os conteúdos publicados: não pode haver pedido explícito de voto, de forma alguma. Em caso de descumprimento, o pré-candidato poderá responder por abuso do poder econômico ou por campanha extemporânea, gerando multas e até mesmo a impugnação de sua candidatura.

O impulsionamento durante a pré-campanha, até o momento da publicação deste material, continua sendo alvo de especulações, dado que não há uma definição clara da permissão ou da proibição. A expectativa é que seja liberado, excluindo o pedido de voto.

## Mensagens eletrônicas e cadastros

Em relação às mensagens eletrônicas (e-mail, WhatsApp, SMS, chatbot), será necessário permitir aos eleitores que sejam excluídos do banco de dados em caso de solicitação. Caso a exclusão não seja realizada em até 24 horas do pedido e o eleitor receba mais mensagens, poderá ser oficializada uma denúncia no órgão responsável e a multa administrada, começando em R$ 100 por mensagem.

Já para os cadastros, há uma limitação importantíssima: candidatos não podem adquirir cadastros, mesmo que sejam doados. Em toda eleição é comum o aparecimento de empresas oferecendo disparos de WhatsApp para bases pertencentes a elas. Recomendo extrema prudência em fazer esse tipo de contratação, pois vai contra a legislação, que permite apenas o uso de cadastros obtidos pelo candidato.

# Considerações finais

Ingressei na política aos 18 anos, fazendo parte de um grupo de juventude partidária, realizando as tarefas básicas que competem aos militantes: distribuição de materiais, campanha porta-a-porta, "bandeiraços", caminhadas com candidato e demais eventos de rua. Após algum tempo, organizei diálogos com segmentos e estruturei controle e distribuição de materiais de campanha. Anos depois, migrei para o digital.

Por participar ativamente de atividades partidárias e por me interessar muito por política, adquiri conhecimentos que me deram base para utilizar a internet de forma eficaz, principalmente na mobilização.

Ao optar pelo vasto campo de trabalho, você deve mergulhar de cabeça na política, buscando se informar das notícias e nos desdobramentos dos atos políticos, mas também na história.

"Vender" uma candidatura não é o mesmo que vender um chocolate ou outro item tangível. Vender uma candidatura é vender uma ideia, um projeto que só existe no imaginário. Escrevo isso para lhe alertar. Os eleitores não estão apenas esperando a sua comunicação para decidir em quem votar. Eles estão preocupados com outras coisas, com o cotidiano e não com políticos. Será preciso trazê-los para o "ambiente" das suas ideias, criar relacionamento e, após isso, pedir a colaboração, seja uma contribuição financeira, a presença em um evento de rua ou um voto.

Quem deseja entrar nesse mercado deve entender que os salários não são estratosféricos e, se entrar apenas pelo dinheiro, irá se frustrar com o que encontrará. Após todos esses anos eu posso afirmar que deve entrar aquele que se entende, ou que deseja ser, um "animal político", não como alguém que precisa de um emprego.

Eu não troco uma campanha política por trabalho nenhum. Gosto do clima, da tensão, do trabalho em equipe, do desafio com data para acabar, enfim, do modo como uma campanha é feita.

Se você gosta de desafios, da loucura e de fazer parte de um processo eleitoral de mudança, o marketing político é para você!

Espero que minhas dicas tenham contribuído positivamente para seu conhecimento. Boa sorte!

**Marcelo Vitorino**

# Glossário

## Impulsionamento

É como chamamos a publicidade on-line oferecida pelo Facebook para impulsionar os conteúdos publicados na rede.

## Links patrocinados

É um tipo de publicidade on-line oferecida pelo Google, que aparece como um link na tela de resultados de busca quando o usuário utiliza o buscador.

## Storytelling

Expressão em inglês que significa "narração de histórias", em tradução livre. O storytelling é aplicado ao marketing com objetivo de criar narrativas de comunicação para promover marcas e pessoas.

## Indexação

Significa colocar no índice. Este termo usado em relação à internet, significa colocar um site nos resultados de busca dos mecanismos de busca como Google e Bing.

## SEO (Search Engine Optimization)

Expressão em inglês que significa "Otimização para motores de busca", em tradução livre. É um conjunto de regras e estratégias com o objetivo de potencializar e melhorar o posicionamento de conteúdos (sites, vídeos e outros) nos buscadores.

## Big data
Expressão em inglês que significa "grande banco de dados", em tradução livre. Usamos a expressão para representar a análise e interpretação de grandes volumes de informações.

## Inbound marketing
Traduzido como "marketing de atração" ou "marketing de entrada". É uma aplicação do marketing que se baseia em primeiro gerar interesse (atração) dos consumidores por meio de conteúdo e então promover a conversão.

## HTML
Significa Hyper Text Markup Language, é o formato padrão para criação de páginas na internet (sites) e aplicações web.

## Chatbots
São "robôs", programados por desenvolvedores, que simulam conversas com humanos e automatizam atendimentos em meios digitais como WhatsApp ou Facebook Messenger.

## Broadcast
Expressão em inglês que significa "transmissão" em tradução livre, usamos a expressão para ilustrar mensagens de comunicação que são emitidas de forma impositiva.

## On demand

Expressão em inglês que significa "sob demanda", em tradução livre. Ou seja, é algo que entra em ação baseado na necessidade ou vontade de alguém.

## Crowdfunding

Expressão em inglês que significa "financiamento coletivo" em tradução livre. Consiste em obtenção de capital (dinheiro) por meio de iniciativas de interesse coletivo.

# Lista de Ferramentas

## Ferramentas de ativação e relacionamento

| | | |
|---|---|---|
| SMS | E-goi | https://www.e-goi.com.br/pt_br/sms-marketing-mobile-software-para-enviar-sms/ |
| Serviços de SMTP (envios de e-mail em massa) | Amazon SES | https://aws.amazon.com/pt/ses/ |
| | Sendgrid | https://sendgrid.com/ |
| | Sendinblue | https://pt.sendinblue.com/ |
| Inbound e e-mail marketing | Rd Station | http://www.rdstation.com/ |
| | Mailchimp | https://mailchimp.com/ |
| | HubSpot | https://br.hubspot.com/ |
| Formulários de Pesquisa | Typeform | http://typeform.com/ |
| | Google Docs - Formulários | https://www.google.com/intl/pt-BR/forms/about/ |
| | Surveymonkey | https://pt.surveymonkey.com/ |
| Anúncios | Gerenciador de anúncios de Facebook | https://business.facebook.com |
| | Adespresso | https://adespresso.com/ |
| | Google Adwords | https://www.google.com.br/adwords/ |
| Landing pages | Unbounce | https://unbounce.com/ |
| | Lead Lovers | https://leadlovers.com/ |
| Chatbot Facebook Messenger | Chatfuel | https://chatfuel.com/ |
| | Manychat | https://manychat.com/ |

## Ferramentas de conteúdo

| | | |
|---|---|---|
| SEO/Keywords | MOZ | https://moz.com/ |
| | Semrush | https://pt.semrush.com/ |
| | Google Trends | https://trends.google.com.br/trends/ |
| | Google Adwords | https://www.google.com.br/adwords/ |
| | Keywordspy | http://www.keywordspy.com/ |
| Design | Canva | https://www.canva.com/ |
| | Crello | http://crello.com/ |
| Gestão de publicações | Instamizer | https://instamizer.com/ |
| | Mlabs | https://www.mlabs.com.br/ |
| | Etos | https://app.etus.com.br/plans |
| | Sprout Social | https://pt.sproutsocial.com/ |

## Gestão de projeto / tarefas

| | | |
|---|---|---|
| Gestão de projeto | Trello | https://trello.com/ |
| | Google Docs | https://www.google.com/docs/about/ |
| | Asana | https://asana.com/pt |
| | Smartsheet | https://pt.smartsheet.com/ |

## Ferramentas de tecnologia

| | | |
|---|---|---|
| Hospedagem de sites | Kinghost | https://www.kinghost.com.br/ |
| | DigitalOcean | https://www.digitalocean.com/ |
| | Amazon | https://aws.amazon.com |
| Análise de sites | MOZ | https://moz.com/ |
| | Semrush | https://pt.semrush.com/ |
| | Google Webmaster | https://www.google.com/intl/pt-BR/webmasters |
| | Pagespeed insights | https://developers.google.com/speed/pagespeed/insights/?hl=pt-BR |
| | Google Analytics | https://analytics.google.com/analytics/web/provision/?authuser=0#provision/SignUp/ |
| | Google Mobile Friendly Tester | https://search.google.com/test/mobile-friendly |
| CMS | Wordpress | https://br.wordpress.com/ |
| Limpeza de listas de e-mails | Briteverify | https://www.briteverify.com/ |
| | E-mail list verify | https://www.emaillistverify.com |
| | Hubuco | |